Lecturas históricas norteamericanas
Reading American History

Misiones españolas
Spanish Missions

Escrito por Melinda Lilly/Written by Melinda Lilly
Ilustrado por Gina Capaldi/Illustrated by Gina Capaldi

Consultores educativos/Consulting editors
Kimberly Weiner, Ed.D.

Betty Carter, Ph.D.

Rourke
Publishing LLC

Vero Beach, Florida 32963

www.rourkepublishing.com

A mi madre

To my mother

—G. C.

Designer: Elizabeth J. Bender

Library of Congress Cataloging-in-Publication Data

Lilly, Melinda.
  [Spanish missions. Spanish/Bilingual]
  Misiones españolas / Melinda Lilly.
     p. cm. -- (Lecturas históricas norteamericanas)
  ISBN 1-59515-638-0 (hardcover)
 1. Missions, Spanish--Southwest, New--History--Juvenile literature. 2.
Southwest, New--History--To 1848--Juvenile literature. 3. Indians of North
America--Missions--Southwest, New--Juvenile literature. I. Title. II.
Series: Lilly, Melinda. Lecturas histâoricas norteamericanas.
F799.L55 2006
979'.01--dc22

                        2005023039

Ilustración de la cubierta: Un misionero español supervisa a nativos americanos mientras hacen ladrillos de adobes para una misión.

Cover Illustration: A Spanish missionary supervises Native Americans making adobe bricks for a mission.

Printed in the USA

Cronología
Time Line

Ayude a los estudiantes a seguir esta historia, presentándoles eventos importantes en la Cronología.
Help students follow this story by introducing important events in the Time Line.

1539   Misioneros españoles en Arizona
1539   Spanish missionaries in Arizona

1690   Primera misión española en Texas
1690   First Spanish mission in Texas

1713   Nace Junípero Serra.
1713   Junípero Serra is born.

1758   Nativos americanos atacan y queman la Misión San Sabá, en Texas.
1758   Native Americans attack and burn Mission San Sabá, in Texas.

1769   Primera misión española en California
1769   First Spanish mission in California

1784   Muere Junípero Serra.
1784   Junípero Serra dies.

4

Misioneros y soldados españoles llegaron al Oeste Americano.

Spanish **missionaries** and soldiers came to the American West.

Misioneros y soldados
Missionaries and soldiers

Los misioneros querían que los **nativos americanos** se unieran a la **Iglesia Católica**. También querían que el Oeste fuera de España.

The missionaries wanted the **Native Americans** to join the **Catholic Church**. They also wanted the West to be Spanish.

Los nativos americanos observan cómo los españoles llegan a sus tierras.
Native Americans watch the Spanish come to their lands.

Construyeron docenas de **misiones**. Cada misión tenía una iglesia y una granja.

They made dozens of **missions**. Each mission had a church and a farm.

Cabalgando por la granja hasta la iglesia.
Riding through the farm toward the church

Los nativos americanos construyeron las misiones con una arcilla llamada **adobe**. Los misioneros les pagaban a algunos trabajadores. Otros eran esclavos.

Native Americans built the missions of **adobe** clay. Missionaries paid some workers. Others were slaves.

Los nativos americanos hacen ladrillos de adobe.
Native Americans make adobe bricks.

Muchos nativos americanos no querían misiones en sus tierras. Algunos lucharon contra los españoles.

Many Native Americans did not want missions on their lands. Some fought the Spanish.

Los nativos americanos luchan contra soldados españoles.
Native Americans fight Spanish soldiers.

Miles de nativos americanos se unieron a la Iglesia. No todos lo hacían por su propia voluntad. Los soldados y los misioneros forzaron a algunos a convertirse en católicos.

Thousands of Native Americans joined the Church. Not all of them wanted to join. Soldiers and missionaries forced some to become Catholic.

Un soldado de una misión observa mientras los nativos americanos se convierten al catolicismo.
A mission soldier watches as Native Americans become Catholic.

En 1769, el misionero **Junípero Serra** llegó a **California**. Fundó muchas misiones.

In 1769, missionary **Junípero Serra** came to **California**. He founded many missions.

Junípero Serra y unos sirvientes llegan a California.
Junípero Serra and servants come to California.

18

Las misiones estaban a un día de camino una de otra.

Each mission was about a day's walk from the next one.

Un misionero se aleja de una misión.
A missionary walks away from a mission.

Un sendero unía las misiones de California. Los españoles lo llamaron **El Camino Real**. Hoy en día, la gente puede visitar las 21 misiones siguiendo este camino.

A trail linked the California missions. The Spanish named it **El Camino Real**, The Royal Road. Today, people can visit the 21 missions on this royal road.

Lista de palabras
Word List

adobe — arcilla usada para hacer ladrillos
adobe (uh DOH bee) — A clay used to make bricks

California — estado del oeste de Estados Unidos
California (kal eh FORN yuh) — A state in the western United States

El Camino Real — el camino que unía las misiones de California
El Camino Real (EL kaw MEE no ray ALL) — Spanish words that mean The Royal Road; the trail that goes between missions in California

Iglesia Católica — organización de fe cristiana
Catholic Church (KATH uh lik church) — A Christian faith and organization

misioneros — gente enviada por una iglesia para trabajar en otras tierras
missionaries (MISH uh ner eez) — People sent by a church to work in other lands

misiones — la iglesia y la casa donde viven los misioneros
missions (MISH unz) — The church and home where missionaries live

nativos americanos — miembros de los pueblos nativos de América del Norte, indios norteamericanos
Native Americans (NAY tiv uh MER ih kunz) — Members of the peoples native to North America; American Indians

Serra, Junípero — misionero español que fundó nueve misiones
Serra, Junípero (SER rah, hoo NEE peh row) — A Spanish missionary, Junípero Serra founded nine missions in California.

Libros recomendados
Books to Read

Ansary, Mir Tamim. *California Indians*. Heinemann Library, 2000.

Ansary, Mir Tamim. *Southwest Indians*. Heinemann Library, 2001.

Bowler, Sarah. *Father Junipero Serra*. Childs World, 2002.

California Missions: *History and Model Building Ideas for Children*.
James Stevenson, Don Duncan, editors. James Stevenson
Publisher, 2000.

Páginas de internet
Websites to Visit

www.virtualguidebooks.com/ThematicLists/SpanishMissions.html

www.californiamissions.com/

http://ceres.ca.gov/ceres/calweb/native.html

http://hotx.com/missions/history.html

www.pbs.org/weta/thewest/people/s_z/serra.htm

Índice

Index